ce livre appartient à :

. . . .

. . . .

Direction générale : Guillaume Pô
Direction éditoriale : Sarah Malherbe
Édition : Anna Guével
Conception graphique : Mathilde Dufau
Direction de fabrication : Thierry Dubus
Fabrication : Axelle Hosten

ISBN : 978-2-2151-6095-3 • MDS : 661526 •
« Loi n°49-956 du 16 juillet 1949 sur les publications destinées à la jeunesse, modifiée par la loi n°2011-525 du 17 mai 2011 »
Achevé d'imprimer en janvier 2021 par Interak, en Pologne.
Numéro d'édition : J21076 • Dépôt légal : février 2021

FSC www.fsc.org MIXTE Papier issu de sources responsables FSC® C015559

CET OUVRAGE EST IMPRIMÉ GRÂCE À DES ENCRES VÉGÉTALES, GARANTISSANT LA DÉMARCHE DE DÉVELOPPEMENT DURABLE DE L'ÉDITEUR ET DE L'IMPRIMEUR.

Emmanuelle Lepetit

Charlotte Ameling

Une sieste très chouette !

FLEURUS

Dans la clairière, madame Lacolle vient de sonner sa clochette à noisettes : tiling ! tilang ! tilong ! C'est l'heure de la sieste !
Un à un, les enfants se faufilent sous le Buisson des Dodos où ils ne tardent pas à fermer les paupières… Sauf Frida qui garde les yeux grand ouverts.

– Tu ferais mieux de te reposer. Sinon, tu t'endormiras en classe tout à l'heure, gronde madame Lacolle d'une voix ensommeillée.

– Pas du tout. Moi, je ne suis jamais fatiguée, je ne suis plus un bébé, assure la demoiselle.

Alors, pour endormir Frida, à voix basse, la chouette hulule plusieurs jolies chansons.

Plus personne ne gigote, même madame Lacolle ronflote. Mais soudain, Bertille se met à pleurer.

La surveillante se réveille en sursaut et volette à son chevet.

– J'ai perdu Gaston ! sanglote la fillette hérisson.

– Ton doudou ? Ne t'inquiète pas, il a dû tomber pendant que tu dormais.

Madame Lacolle furète dans les fougères et ne tarde pas à retrouver le doudou adoré.

– Et voilà ! Il est là, dans tes bras.

– Merci… balbutie Bertille en se rendormant aussitôt.

Les grands yeux de la chouette se referment déjà quand Félix se redresse en criant. La surveillante secoue ses plumes et trottine à son chevet :

– Là, devant ! Un monstre, il veut me manger ! gémit le petit crocodile.

– Pas de problème, je vais lui dire de s'en aller.

Levant les yeux, madame Lacolle aperçoit une sauterelle.
Elle a vite fait de la chasser du bout de son aile.
– Et voilà, le cauchemar est parti. À présent,
tout est tranquille.
– Merci… sourit Félix en se remettant tout de suite
à ronfler.

La chouette pique de nouveau du nez quand, cette fois, c'est Alfred qui panique :

– Maman ! Au secours !

La surveillante pousse un soupir et se dandine à son chevet.
– Il fait trop noir ! Je n'y vois rien ! souffle le petit caméléon.
– Ne crains rien, je vais allumer une petite lumière.

Courageusement, madame Lacolle grimpe tout en haut du buisson pour écarter du bout du bec quelques rameaux.

– Et voilà, il fait déjà un peu plus clair.

– Merci… murmure Alfred en refermant illico les paupières.

Pauvre chouette, elle en a plein la tête et voici qu'à nouveau on la réclame.

La surveillante tâtonne jusqu'au chevet de Suzanne.
– J'ai soif, ça m'a réveillée ! se plaint la petite taupe.

Madame Lacolle se dirige vers la source et en revient avec un bol rempli d'eau fraîche.

– Et voilà, tu peux te désaltérer.

– Merci, bâille Suzanne après avoir bu une mini-gorgée.

Elle n'a pas le temps de souffler que Léa et Léonie se mettent à piailler.

– Arrête de ronfler !

– Et toi, arrête de bouger !

Madame Lacolle, fatiguée, se traîne jusqu'à leur chevet et rouspète :

– Maintenant, ça suffit. Toi, Léa, tu retournes dans ton lit. Et toi, Léonie, je ne veux plus t'entendre. Plus un bruit, sinon ça va barder !

Les deux tortues jumelles ne se le font pas répéter. Bien vite, chacune se rendort de son côté.

Épuisée, la chouette est prête à s'écrouler. Mais tout à coup, près d'elle, une petite voix chuchote :

– J'ai peur…

À l'aveuglette, les yeux déjà fermés, la surveillante rampe vers le petit lit douillet :
– C'est toi, Nino ? Qu'est-ce qui ne va pas ?
– Je n'arrive pas à dormir tout seul.
Alors madame Lacolle se niche à son chevet et roucoule comme un rossignol :
– Tout va bien, Nino, je suis là, avec toi.
Et la tête posée au côté du louveteau, tout de suite elle s'envole au pays des dodos…

Mais à peine une poignée de grains de sable plus tard : tiling ! tilang ! tilong !
La chouette se réveille en sursaut. Et que voit-elle ? Monsieur Ducalyptus qui agite la clochette à noisettes et, autour de lui, tous les enfants réveillés !
– Bah alors, madame Lacolle, vous avez oublié de sonner la fin de la sieste ? gronde l'instituteur.
– Oui et j'espère que vous avez pu vous reposer parce que nous, on n'est jamais fatigués ! glousse Frida.